GUTE GEDANKEN ÜBER DIE LEBENSKUNST

Herausgegeben von
Jutta Metz

Groh Fotokunst Verlag

INHALT

Wer kennt nicht die Geschichte von Diogenes, dem Lebenskünstler aus dem 4. Jahrhundert v. Christus? Seine Lehre, dass Bedürfnislosigkeit das höchste Gut sei, bewies der griechische Philosoph durch sein eigenes Verhalten: Er soll in einem Fass gelebt haben. Dort besuchte Alexander der Große den berühmten Mann. Ob er nicht irgendeinen Wunsch an ihn, den mächtigen König und Feldherrn habe? Aber Diogenes bat nur um dies: „Geh mir ein wenig aus der Sonne!"

Das also macht den Lebenskünstler aus: die Fähigkeit, sich über das zu freuen, was einem täglich geschenkt wird, anstatt sich zum Sklaven all der Dinge machen zu lassen, die angeblich so wichtig sind. Wir müssen deshalb nicht gleich in ein Fass ziehen, man kann sich auch mitten im Alltag am Dasein freuen und aus jedem Tag das Beste machen.

Der Lebenskünstler nimmt die Dinge und die Menschen, wie sie sind. Ohne „Wäre ich nicht..." oder „Hätte ich nur..." meistert er das Leben, ändert, was er ändern kann, und nimmt den Rest in heiterer Gelassenheit. So kann er dem Dasein die schönen Seiten abgewinnen, trotz mancher Probleme.

Lebenskünstler ruhen in sich selbst und akzeptieren auch die anderen. Sie wissen, dass alle ihre Fehler und Schwächen haben, und versuchen, sie mit Humor zu nehmen anstatt sich zu ärgern. Freundschaft und Liebe betrachten sie nicht als Selbstverständlichkeit, sondern als Bereicherung des Lebens, zu der sie auch selbst etwas beitragen wollen.

Manchen scheint die Lebenskunst in die Wiege gelegt zu sein. Aber etwas Distanz zu sich selbst müssen die meisten von uns erst lernen. Jedes Leben hat seine Last und man muss die eigene nicht als die schwerste ansehen. Die richtige Perspektive zählt, und vor allem das Ergebnis: Es gibt so viel, über das man sich freuen kann. Der Lebenskünstler tut es.

Dieses kleine Buch leistet gute Dienste dabei, je nach Lust und Laune. Man muss es nicht der Reihe nach und nicht auf einmal lesen. Einen Text bewusst aufnehmen, das Buch wieder weglegen, innehalten – das kann unsere eigene Erfahrung bestätigen oder einen neuen Blickwinkel aufzeigen. So gewinnen wir nach und nach kleine Mosaiksteinchen in dem Kunstwerk, das unser Leben sein kann, wenn wir es nur wollen.

Jutta Metz

*Wie beglückend ist es,
zu leben, zu denken, zu fühlen!*

MELCHIOR GRIMM

Das Leben
ist wie ein Spiegel:
Wenn man hineinlächelt,
lächelt es zurück.

NUBAR GULBENKIAN

Du hast Pinsel und Farbe.
Male dein Paradies
und gehe hinein.

NIKOS KATZANZAKIS

Für Luftschlösser
gibt es keine Bauvorschriften.

G. K. CHESTERTON

Das Leben ist eine Gabe,
die viel Schönes für einen selbst,
und wenn man es nur will,
viel Nützliches
für andere enthält.

WILHELM VON HUMBOLDT

Das sind die zwei Blumen des Lebens:
das Schaffen und die Liebe.

CHRISTIAN MORGENSTERN

Nicht alle können
auf der Piazza wohnen,
aber allen scheint die Sonne.

AUS ITALIEN

Manchem glückt es,
überall ein Idyll zu finden:
Und wenn er's nicht findet,
so schafft er's sich.

THEODOR FONTANE

Bieten sich Freuden,
so soll man sie genießen.

SAMUEL JOHNSON

Wie die Bienen
in ihren Körben Honig sammeln,
sollten wir Schönes, Erfreuliches,
Ermutigendes sammeln.
PETER PAAL

❁

Das Leben besteht
aus vielen kleinen Münzen,
und wer sie aufzuheben weiß,
hat ein Vermögen.
JEAN ANOUILH

❁

Die Welt um uns
ist so bunt und lebendig,
wie wir sie machen.
P.H. STEVENS

Wie schön und gut das Leben ist,
wenn man ein wenig Mut dazu hat!
FRIEDRICH WOLF

Man kann das Leben
schwerlich zu leicht nehmen,
aber leicht zu schwer.
CURT GOETZ

Leicht zu leben
ohne Leichtsinn, heiter zu sein
ohne Ausgelassenheit,
Mut zu haben ohne Übermut –
das ist die Kunst des Lebens.
THEODOR FONTANE

Pflücke den Tag!

Horaz

Das Herrlichste in der Welt ist,
einen neuen Tag werden zu sehen.
Maxim Gorki

Der Morgen
ist die Jugend des Tages.
Alles ist heiter, frisch und leicht.
Arthur Schopenhauer

Es ist nicht gut,
den Ballast von morgen
schon heute in sein Schiff zu legen.
Hermann Bezzel

Ich habe mich stets
auf jeden neuen Tag gefreut –
in der stillen Hoffnung,
dass er mir Gelegenheit
zu einem neuen Anlauf geben
und vielleicht auch einmal
ein kleines Wunder für mich
bereithalten möge.

J. B. Priestley

Nimm jeden Tag
als ein Leben für sich.

Seneca

Ich kann mich
den ganzen Tag ärgern,
aber ich bin nicht
dazu verpflichtet.

❁

Glück ist das sichere
Gespür für den Augenblick
und die Fähigkeit, ihn zu nutzen.
SAMUEL GOLDWYN

❁

Helle Gedanken
und ein heiteres Gemüt
machen schöne Tage.
H. D. THOREAU

Erkenne nur
das Bessere der Gegenwart
und stelle nicht die Vergangenheit
als unbedingtes Vorbild
für die Gegenwart auf.

CASPAR DAVID FRIEDRICH

Fünf Sonnenminuten im Alltag
können mehr Glück bedeuten
als ein Sonnentag im Urlaub.

PETER LESSER

Man braucht
gar nicht singen zu können, schon
dass einem danach zu Mute ist,
genügt für einen gelungenen Tag.

M.C.

Der Blick in den Sternenhimmel
und ein Ohr voll Musik
vor dem Zubettgehen, das ist
besser als alle Schlafmittel.

Hermann Hesse

Wer jeden Abend sagen kann:
„Ich habe gelebt“, dem bringt
jeder Morgen einen neuen Gewinn.

Seneca

Vergiss
die schönen Tage nicht!

Phil Bosmans

HINNEHMEN, WAS MAN NICHT ÄNDERN KANN

*Man muss sein Leben
aus dem Holze schnitzen,
das man hat, und wenn es krumm
und knorrig wäre.*

THEODOR STORM

Um einen Schmetterling
lieben zu können, müssen wir
auch Raupen in Kauf nehmen.

Die Gewohnheit, jedes Geschehnis
von seiner besten Seite anzusehen,
ist mehr wert als
tausend Pfund Sterling im Jahr.
SAMUEL JOHNSON

Was nicht zu ändern ist,
das soll man jederzeit
vergnügt geschehen lassen.
GOTTSCHALK VON ORBAIS

Unser Leben
ist ein Gemenge von Schwerem
und Leichtem, und glücklich,
wer mit Leichtigkeit das Schwere
zu beherrschen versteht.

CURT GOETZ

Wenn es auch
düstere Tage in meinem Leben gab,
würde ich nicht wollen, dass man
mich zu den Unglücklichen zählt.

VINCENT VAN GOGH

Gesunder Menschenverstand
ist das Talent, die Dinge zu sehen,
wie sie sind, und Dinge zu tun,
wie sie getan werden wollen.

STOWER

Der Mensch lernt meist
erst nach einem richtigen
Sturm in seinem Leben,
sich nicht von jedem Windstoß
aus der Fassung bringen zu lassen.

H. A.

Wenn ich mit dem Gang der Dinge
nicht fertig werden kann, lasse ich
sie selbst mit sich fertig werden.
Henry Ford

Überlass dich nie der Melancholie;
widersteh ihr hartnäckig, denn sie
nistet sich schnell als Gewohnheit ein.
Sidney Smith

Keine Pflicht
wird von uns so oft unterschätzt
wie die, glücklich und zufrieden zu sein.
Robert Louis Stevenson

Am Ende ist uns wohler,
wenn wir nicht zu viel
von der Welt wollen und das,
was sie uns freiwillig gibt,
als gelegentlichen Fund betrachten.
GOTTFRIED KELLER

Man muss versuchen,
glücklich zu sein, und sei es nur,
um ein Beispiel zu geben.
JACQUES PRÉVERT

Die Dinge sind nie so,
wie sie sind. Sie sind immer das,
was man aus ihnen macht.

JEAN ANOUILH

Man sollte die Welt
so nehmen, wie sie ist,
aber nicht so lassen.
IGNAZIO SILONE

Die wichtigste Lebensregel ist,
dass man sich mit gewissen Dingen
abfindet, die zweitwichtigste,
dass man nicht alles hinnimmt,
die drittwichtigste und schwerste,
dass man lernen muss,
wann man was tun soll.
S.H.

Bring die kleinen Dinge
in Ordnung, und die großen
folgen ganz von selbst.
FRANK BUCHMANN

Mit dem Leben
ist es wie mit der Musik.
Beides muss statt nach Regeln
mit Fantasie, Gefühl und Instinkt
komponiert werden.

Samuel Butler

Es ist ein Vorteil im Leben,
die Fehler, aus denen man lernen kann,
recht früh zu machen.

Winston Churchill

Wo du eine Tür zumachst,
geht eine andere auf.

aus Spanien

Verbringe nicht die Zeit
mit der Suche nach einem Hindernis.
Vielleicht ist keins da.

FRANZ KAFKA

Wenn man einen Riesen sieht,
so untersuche man erst
den Stand der Sonne und gebe acht,
ob es nicht der Schatten
eines Pygmäen ist.

NOVALIS

Auch aus Steinen,
die in den Weg gelegt werden,
kann man Schönes bauen.

GOETHE

Gegen das Fehlschlagen
eines Planes gibt es
keinen besseren Trost,
als auf der Stelle
einen neuen zu machen.

JEAN PAUL

Man sagt, Aberglaube, Angst,
Misstrauen und Bosheit seien ansteckend;
das ist wahr, aber auch Hoffnung
kann anstecken.

ILJA EHRENBURG

Unsere Gegner
sind Lehrer, die uns nichts kosten.

FERDINAND DE LESSEPS

Ist die Welt außer dir nicht so,
wie sie sein sollte,
schaff dir selber eine Welt,
die dich anlacht.

CHR. G. SALZMANN

Inmitten von Schwierigkeiten
liegen günstige Gelegenheiten.

ALBERT EINSTEIN

Wohin wir auch blicken,
überall entwickeln sich
die Chancen aus den Problemen.

NELSON A. ROCKEFELLER

Vergangenem nachtrauern
heißt Gegenwärtiges versäumen.
AUS GRIECHENLAND

Jeden Augenblick des Lebens,
den günstigsten wie den ungünstigsten,
zum bestmöglichen zu machen,
darin besteht die Kunst des Lebens.
G. CHR. LICHTENBERG

Der Mensch ist es,
der jedem Tag die Farbe gibt.
WLADIMIR LINDENBERG

Hindernisse überwinden
ist der Vollgenuss des Daseins.
ARTHUR SCHOPENHAUER

Gott gebe dir die Gelassenheit,
Dinge hinzunehmen,
die du nicht ändern kannst,
den Mut, Dinge zu ändern,
die du ändern kannst,
und die Weisheit, das eine
vom anderen zu unterscheiden.

Sei, der du bist,
nicht mehr, nicht weniger,
aber der sei.

PETER ALTENBERG

In uns selbst liegen
die Sterne unseres Glücks.
HEINRICH HEINE

Dasein ist köstlich –
man muss nur den Mut haben,
sein eigenes Leben zu führen.
PETER ROSEGGER

Zur Lebensart gehört,
dass man auch
gegen sich höflich sei.
JEAN PAUL

Blick in dein Inneres!
Da drinnen ist eine Quelle des Guten,
die niemals aufhört zu sprudeln,
solange du nicht aufhörst, nachzugraben.
MARK AUREL

Phantasie
ist der Goldglanz,
der über dem Dasein liegt
und es über das Grau
des Alltags erhebt.
WLADIMIR LINDENBERG

Sich selbst zu überraschen
ist, was das Leben lebenswert macht.
OSCAR WILDE

Sorglos und heiter
gestimmt zu sein,
ist eine der besten Regeln
für ein langes Leben.

Francis Bacon

Das Leben ist zu kurz,
um schlechten Wein zu trinken.

Goethe

Das Altern
ist etwas Herrliches;
ich bin neugierig
auf jedes kommende Jahr.

Alfred Döblin

Lerne alt zu werden
mit einem jungen Herzen.
Das ist die Kunst.
GOETHE

Der Kluge ärgert sich
über die Dummheiten, die er machte,
der Weise belächelt sie.
CURT GOETZ

Die Gelassenheit
ist die anmutigste Form
des Selbstbewusstseins.
MARIE VON EBNER-ESCHENBACH

Geh deinen Weg
und lass die Leute reden.
DANTE

Das sicherste
Zeichen wirklicher Weisheit
ist eine stets gleichmäßige,
freudige Grundstimmung der Seele.
CARL HILTY

Jeder Mensch
soll Freude an sich selbst haben,
und glücklich, wer sie hat.
GOETHE

DIE MITMENSCHEN AKZEPTIEREN

Die Menschen
muss man nehmen,
wie sie sind,
nicht wie sie sein sollten.

FRANZ SCHUBERT

Unter den Menschen
und Borsdorfer Äpfeln
sind nicht die
glatten die besten,
sondern die rauen
mit einigen Warzen.
JEAN PAUL

Von einem Menschen
viel erwarten heißt
sich um den Genuss zu bringen,
angenehm enttäuscht zu werden.
THOMAS BEECHAM

Höflichkeit ist wie ein Luftkissen:
Es mag wohl nichts drin sein, aber
sie mildert die Stöße des Lebens.
ARTHUR SCHOPENHAUER

❁

Mit Freundlichkeit
und gutem Zureden
kann man einen Elefanten
an einem Haar führen.
AUS PERSIEN

❁

Sei klüger als die anderen,
aber lass sie es nicht fühlen.
CHESTERFIELD

Wären alle Menschen gleich,
würde einer im Prinzip genügen.
WERNER MITSCH

Machen wir keine Angelegenheit
aus dem, was keine ist.
GRACIAN

Ein Lebenskünstler ist ein Mensch,
der einen Wespenstich als Therapie
gegen Rheuma betrachtet.
SIEGFRIED WISCHNEWSKI

Ich habe oft im Leben
etwas herunterschlucken müssen,
was ich gern gesagt hätte.
Jetzt weiß ich, dass dies
eine gesunde Diät ist.

WINSTON CHURCHILL

Lebenskunst
besteht zu neunzig Prozent
aus der Fähigkeit,
mit Menschen auszukommen,
die man nicht leiden kann.

SAM GOLDWYN

Widerwärtigkeiten sind Pillen,
die man schlucken muss
und nicht kauen.

G. CHR. LICHTENBERG

In jeder Minute,
die man mit Ärger verbringt,
versäumt man sechzig
glückliche Sekunden seines Lebens.

W. S. MAUGHAM

Kränkungen vergiss,
Freundlichkeiten nie.

KONFUZIUS

Wenn man nur selbst immer
recht gut zu den Menschen ist,
da findet man auch welche,
die es wieder sind.

HEINRICH SEIDEL

Das Leben ist kurz,
aber ein Lächeln ist nur
die Mühe einer Sekunde.

AUS KUBA

Wir wollen gern
alles für die Menschen tun,
die wir lieben; nur eines nicht:
sie nehmen, wie sie sind.
R. J. N.

Mache nicht schnell jemand
zu deinem Freund, ist er's aber einmal,
so muss er's mit allen Fehlern sein.
MATTHIAS CLAUDIUS

Seitdem ich
nicht mehr mich selbst suche,
führe ich das glücklichste Leben,
das man sich denken kann.
THERESE VON LISIEUX

BEGEGNUNG VON MENSCH ZU MENSCH

Der Mensch ist zur Gesellschaft und zur Freundschaft geboren.

NIKOLAI KARAMSIN

Wer die Freundschaft
aus dem Leben verbannt,
entfernt aus der Welt die Sonne.
CICERO

Jeder Freund
ist des anderen Sonne
und Sonnenblume zugleich;
er zieht und er folgt.
JEAN PAUL

Wer sich
über das Glück anderer freut,
dem blüht sein eigenes.
SPRICHWORT

Das Köstlichste auf Erden ist:
seinesgleichen finden.
GORCH FOCK

Ein wahrer Freund
trägt mehr zu unserem Glück bei,
als tausend Feinde zu unserem Unglück.
MARIE VON EBNER-ESCHENBACH

Wer sich
durch die Verschiedenartigkeit
seiner Mitmenschen bereichert fühlt,
wird viele Freunde finden.
DAGMAR C. WALTER

Aus vier Augen sieht die Welt
viel heiterer aus als aus zweien.
SPRICHWORT

Reichtum ist
ein großes Herz zu haben.
INGEBORG RAUS

Liebe ist alles,
was unser Leben steigert,
erweitert, bereichert,
nach allen Höhen und Tiefen.
FRANZ KAFKA

Liebe verdoppelt die Kräfte.
P. E. Unzeitig

❀

Unser eigentliches Leben
ist unsere Gedankenwelt;
je mehr Liebe darin enthalten ist,
desto glücklicher ist es.

❀

Wer nicht mehr liebt
und nicht mehr irrt,
der lasse sich begraben.
Goethe

Das letzte Wort
der Menschenkenntnis
muss Liebe sein.
CARL HILTY

Durch jede Liebe wird man
ein wenig menschlicher,
egal, wie sie verläuft.
BORIS PASTERNAK

Man sollte
die Liebe ernst nehmen,
aber nicht tragisch.
ANDRÉ MAUROIS

*Das Glück des Lebens
kann niemand schmieden,
immer nur das Glück
des Augenblicks.*

KARL HEINRICH WAGGERL

Glück ist nicht in einem ewig lachenden Himmel zu suchen, sondern in ganz feinen Kleinigkeiten, aus denen wir unser Leben zurechtzimmern.

Carmen Sylva

Wie oft habe ich
das kleine Glück verloren
auf der Suche nach dem großen!

John Henry Newman

Die meisten Menschen
sind ungefähr so glücklich,
wie sie sich entschließen,
es zu sein.

Abraham Lincoln

Am Regenbogen muss man nicht
die Wäsche aufhängen wollen.
FRIEDRICH HEBBEL

Die Sterne, die begehrt man nicht,
man erfreut sich ihrer Pracht.
GOETHE

Das wahre und sichtbare
Glück des Lebens
liegt nicht außer uns,
sondern in uns.
JOHANN PETER HEBEL

Man kann einen seligen,
seligsten Tag haben, ohne etwas anderes
dazu zu gebrauchen als blauen Himmel
und grüne Frühlingserde.

JEAN PAUL

Alles, was uns wirklich nützt,
ist für wenig Geld zu haben.
Nur das Überflüssige kostet viel.

AXEL MUNTHE

Nach zwei Dingen
muss man im Leben trachten:
Einmal das zu erlangen, was man
sich wünscht, und sodann es
in aller Ruhe zu genießen.

LOGAN SMITH

Man soll nie etwas begehren,
ohne sich genau erkundigt zu haben,
wie glücklich der ist, der es schon hat.
LA ROCHEFOUCAULD

Das Glück ist nicht etwas,
was wir schaffen,
sondern was uns geschieht:
ein Strom inneren Friedens.
CARL HILTY

Ein Augenblick der Seelenruhe
ist besser als alles, was du sonst
erstreben magst.
AUS PERSIEN

Glück ist wie ein Maßanzug.
Unglücklich sind meistens die,
die den Maßanzug eines anderen
tragen möchten.

KARL BÖHM

Es gehört auch zur Lebensklugheit,
dass wir uns nicht dauernd
mit Menschen vergleichen,
die glücklicher sind als wir.

SIGRID UNDSET

Es ist eine Sache im Leben, dass,
wenn man gar nicht an Glück oder Unglück
denkt, das Glück sich von selbst,
auch bei mühevoller Lebensweise, einstellt.

WILHELM VON HUMBOLDT

Das Glück
muss entlang dem Wege
gefunden werden,
nicht am Ende der Straße.

DAVID DUNN

Dankbarkeit, Freude und Liebe
verwandeln das Leben.

BETTINA SPERL

Gib jedem Tag die Chance,
der schönste deines Lebens zu werden.

MARK TWAIN

Es ist schön,
mit den kleinen Dingen
glücklich zu sein!
JEREMIAS GOTTHELF

Das Glück ist ein Mosaik
aus winzig kleinen Freuden.
MONROIS

Die wahren Lebenskünstler
sind bereits glücklich, wenn sie
nicht unglücklich sind.
JEAN ANOUILH

SPASS AN DER ARBEIT

Etwas gern tun
macht jede Last leichter.

OVID

Glück hilft manchmal, Arbeit immer.
Marie von Ebner-Eschenbach

❁

Nie ist das menschliche Gemüt
heiterer gestimmt, als wenn es
seine richtige Arbeit gefunden hat.
Wilhelm von Humboldt

❁

Beim Bau des Münsters in Freiburg
wurden drei Steinmetze
nach ihrer Arbeit gefragt. Der erste
antwortete: „Ich behaue Steine." Der
zweite entgegnete: „Ich verdiene Geld."
Der dritte überlegte und sprach:
„Ich baue am Dom."

Gib dein Bestes,
und du bist selbst der Beschenkte.
MARGARETE RODE

Man muss die Arbeit so einrichten,
dass sie den Menschen beglückt.
Die heutigen Menschen glauben,
dass man die Arbeit so einrichten müsse,
dass sie möglichst viel Ertrag abwerfe.
G. CHR. LICHTENBERG

Tue deine Pflicht
und überlasse den Rest dem Himmel.
PIERRE CORNEILLE

Beginne
an keinem Tag deine Arbeit,
ehe du nicht einem Menschen
ein gutes Wort gesagt hast.
LUDWIG KÖHLER

Es gibt keine Pflicht,
die nicht der Heiterkeit bedürfte,
um recht erfüllt zu werden.
JOHN MILTON

Da mir Gott
ein fröhliches Herz gegeben hat,
wird er es mir schon verzeihen,
wenn ich ihm fröhlich diene.
JOSEPH HAYDN

Ein Mensch ist befreit
und fröhlich, wenn er sein Herz
in seine Arbeit geworfen
und sein Bestes gegeben hat.
R. W. Emerson

Die beste Stressabwehr besteht darin,
dass man seine Arbeit liebt.
Arrigo Sacchi

Ein Tag, an dessen Ende
du absolut zufrieden bist,
ist bestimmt einer,
an dem du viel gearbeitet
und viel erledigt hast.
B. G.

Der Mensch
sollte sich niemals genieren,
einen Irrtum zuzugeben.
Zeigt er doch damit,
dass er sich entwickelt, dass er
heute gescheiter ist als gestern.
JONATHAN SWIFT

Der einfachste Weg,
Hindernisse zu umgehen, ist,
sie als Sprungbrett zu benützen.
ERNST FERSTL

Wo Fehler sind,
da ist auch Erfahrung.
ANTON TSCHECHOW

Man sollte nicht nur Siege,
sondern auch Niederlagen
mit Sekt begießen. Abgesehen davon,
dass er immer gut schmeckt,
braucht man ihn ja gerade dann
am allernötigsten.
E. W.

Misserfolg ist die Chance,
es beim nächsten Mal besser zu machen.
HENRY FORD

Man muss sich zwingen, jeden Tag
etwas zu tun, was man ungern macht.
Das ist die goldene Regel zur Gewöhnung
an mühelose Pflichterfüllung.
MARK TWAIN

Die Kunst des Ausruhens
ist ein Teil der Kunst des Arbeitens.
John Steinbeck

Wir sind unserer Zeit weit mehr schuldig
als einen randvollen Terminkalender.
Ernst Ferstl

Viel Reichtum
tröstet nicht so sehr
wie ein fröhliches Herz.
Martin Luther

LACHEN, FRÖHLICHKEIT, HUMOR

Lachen und Zufriedenheit sind Vitamine unseres Alltags.

DAGMAR C. WALTER

Es findet sich
immer etwas zum Freuen,
zum Lernen, zum Tun.
GOETHE

Man kann das Leben
auch mit einem fröhlichen Gesicht
ernst nehmen.
IRMGARD ERATH

Humor und Geduld
geben eine unwiderstehliche Mischung.
WILHELM BUSCH

Wenn du das Leben anlachst,
lächelt es zurück.

INGEBORG RAUS

Nicht weil man glücklich ist,
ist man heiter,
sondern weil man heiter ist,
ist man glücklich.

DIEUDONNÉ

Der Humor
setzt ein großes Maß
an Herzensgüte voraus,
an Geduld, Nachsicht
und Menschenliebe.

CURT GOETZ

Die Kunst des Lebens
besteht darin, die kleinen Freuden
überhaupt zu sehen, zu finden
und zu empfinden.
BRUNO BÜRGEL

Das beste Geschenk und Wesen
ist ein heiteres und fröhliches Herz.
MARTIN LUTHER

Wer singen will,
findet immer ein Lied.
HENRY PURCELL

Sich freuen an dem, was man hat,
sich nicht ärgern über das, was fehlt,
das ist das Geheimnis der Freude.
EMIL MEIER

Lachen und Lächeln
sind Tor und Pforte, durch die
viel Gutes in den Menschen
hineinhuschen kann.
CHRISTIAN MORGENSTERN

Eine ernste Sache
mit Humor betrachten,
heißt noch lange nicht
ihren Ernst verkennen.
PETER BAMM

Ist einer heiter, so ist es
einerlei, ob er jung oder alt,
gerade oder bucklig, arm
oder reich sei: Er ist glücklich.
ARTHUR SCHOPENHAUER

Humor ist der Schwimmgürtel
auf dem Strom des Lebens.
WILHELM RAABE

Ich hasche die kleinen Freuden,
und so finde ich alle Tage etwas,
das mich freut.
KATHARINA ELISABETH GOETHE

*Der Optimismus
ist der wahre Stein der Weisen,
der in Gold verwandelt,
was immer er berührt.*

CHAPONNIÈRE

Der Pessimist sagt: „Teilweise bewölkt",
der Optimist: „Teilweise sonnig".

JOSEF REDA

❀

Von all den Sorgen,
die man sich macht,
werden die meisten
doch gar nicht eintreffen.

JOACHIM DU BELLAY

❀

Die Hoffnung lässt uns
mehr Verstand und Glück übrig
als die Furcht.

JEAN PAUL

Es gibt keine heile Welt,
aber es gibt viel Heiles in der Welt.

Sei nicht wie
diese seelisch Farbenblinden,
denen just für Hoffnungsgrün
und Freudenrot das Auge fehlt.
Franz von Schönthan

Wenn du klug bist,
so mische eines mit dem anderen:
Hoffe nicht ohne Zweifel
und zweifle nicht ohne Hoffnung.
Seneca

Im Glück
sagt sich der Lebenskünstler, dass es
kaum besser hätte kommen können.
Im Unglück sagt er sich, dass es
noch schlimmer hätte kommen können.
PAUL HÖRBIGER

Der Optimist
hat nicht weniger oft unrecht
als der Pessimist, aber er lebt froher.
CHARLIE RIVEL

Eine frohe Hoffnung ist mehr wert
als zehn trockene Wirklichkeiten.
FRANZ GRILLPARZER

Glücklich ist einer,
der sich bei Sonnenuntergang
über die aufgehenden Sterne freut.
ADALBERT LUDWIG BALLING

Es ist auf Erden keine Nacht,
die nicht noch ihren Schimmer hätte!
GOTTFRIED KELLER

Ein Optimist ist ein Mensch,
der weiß, wie trübe die Welt sein kann.
Ein Pessimist ist einer, der das
jeden Tag von neuem feststellt.
PETER USTINOV

Das Feuerwerk des Gewitters
wird spät am Abend
nur das Summen von Bienen sein.
EUGENIO MONTALE

Die Gewohnheit, jedes Geschehnis
von seiner besten Seite
anzusehen, ist mehr wert
als tausend Pfund Sterling im Jahr.
SAMUEL JOHNSON

Mein Optimismus beruht
auf dem frohen Glauben,
dass das Gute überwiegt.
HELEN KELLER

HERAUSFORDERUNGEN ANNEHMEN

Es ist unglaublich,
wie viel Kraft die Seele
dem Körper
zu leihen vermag.

WILHELM VON HUMBOLDT

Jeder Mensch
muss das Lied seines Lebens singen,
jeder auf seine Weise,
aber jeder Ton ist notwendig
in der großen Weltsymphonie.

JOHANN BAPTIST LOTZ

Alles Wesentliche im Leben,
alles, was wir Gewinn nennen,
wächst aus Mühe und Widerstand,
aller wirkliche Zuwachs an Weltgefühl
muss irgendwie an ein Persönliches
unseres Wesens gebunden sein.

STEFAN ZWEIG

In dem Maße, wie wir es vermeiden,
unser Leben an etwas zu setzen,
entleeren wir es.
ORTEGA Y GASSET

Jede tapfer getragene Verantwortung
gibt ein Gefühl der Beglückung.
EDUARD SPRANGER

In einem wankenden Schiff fällt um,
wer stillsteht, nicht wer sich bewegt.
LUDWIG BÖRNE

Gewiss ist es fast noch wichtiger,
wie der Mensch das Schicksal annimmt,
als wie es ist.

WILHELM VON HUMBOLDT

Jede Situation
ist zu ertragen,
auf die wir handelnd
reagieren können.

MUTIUS

Sicherheit „is nich".

THEODOR FONTANE

Resignation zeigt,
dass man aus Erfahrung
die falschen Schlüsse
gezogen hat.

WOLFGANG LETZ

Verwandle große Schwierigkeiten
in kleine – und kleine in gar keine.

AUS CHINA

Alles, was wir treiben und tun,
ist ein Abmühen; wohl dem,
der nicht müde wird!

GOETHE

Es ist nicht gut,
den Ballast von morgen
schon heute in sein Schiff zu legen.

Hermann Bezzel

Hake jeden Tag ab
und betrachte ihn als erledigt.
Du hast dein Bestes getan.
Irrtümer und Fehler sind möglich.
Vergiss sie, so schnell du kannst.

Ralph Waldo Emerson

Leute mit leichtem Gepäck
kommen am besten durchs Leben.

Jakob Bosshart

Nur der Schwache
wappnet sich mit Härte.
Wahre Stärke kann sich Toleranz,
Verständnis und Güte leisten.
TILLY BOESCHE-ZACHAROWSKI

Die größte heilende Kraft
in der Welt besteht darin,
man selbst zu sein.
RESHAD FEILD

Wenn du gut hinhörst,
wird immer irgendwo
ein Vogel singen.

Lebensklugheit bedeutet:
Alle Dinge möglichst wichtig,
aber keines völlig ernst zu nehmen.
ARTHUR SCHNITZLER

Man muss sich
durch die kleinen Gedanken,
die einen ärgern,
immer wieder durchfinden
zu den großen Gedanken,
die einen stärken.
DIETRICH BONHOEFFER

Das Leben
ist bezaubernd, man muss es nur
durch die richtige Brille sehen.

ALEXANDRE DUMAS D.J.

Das Beste, was wir
auf der Welt tun können, ist:
Gutes tun, fröhlich sein
und die Spatzen pfeifen lassen.
DON BOSCO

Man sollte alle Tage
wenigstens ein kleines Lied hören,
ein gutes Gedicht lesen,
ein treffliches Gemälde sehen und
– wenn es möglich zu machen wäre –
einige vernünftige Worte sprechen.
GOETHE

So geht es in der Welt:
Wenn man nur still und geduldig wartet,
wie die Katze vor dem Mauseloch,
so kommen alle guten Dinge
wieder einmal zum Vorschein.

GOTTFRIED KELLER

Du bist so jung
wie deine Zuversicht,
so alt wie deine Zweifel,
so jung wie deine Hoffnungen,
so alt wie deine Verzagtheit.

ALBERT SCHWEITZER

Gib der Alltäglichkeit ihr Recht,
und sie wird dir mit ihren Anforderungen
nicht zur Last fallen.

CLEMENS BRENTANO

Die Welt gehört dem,
der in ihr mit Heiterkeit
nach hohen Zielen wandert.

RALPH WALDO EMERSON

Es gibt nur einen Erfolg:
auf deine Weise leben zu können.

CHR. DARLINGTON MARLEY

Wie lange ich lebe,
liegt nicht in meiner Macht,
dass ich aber,
solange ich lebe, wirklich lebe,
das hängt von mir ab.
SENECA

Die Menschen sind nur Matrosen
an Bord ihres Lebensschiffes –
und sollten doch Reeder
und Steuermann sein.
GORCH FOCK

Augenmaß ist alles.
Wichtiges wichtig nehmen,
Unwichtiges unwichtig –
das ist Lebenskunst.
EWALD BALSER

Man soll Anteil nehmen
an der Freude, der Schönheit,
der Farbigkeit des Lebens.
OSCAR WILDE

Schau nicht,
wie die Würfel fallen,
spiel selbst!

Es kommt immer darauf an,
dass, wie und wo
man marschiert, man allerorts
die Musik des Lebens hört.

Theodor Fontane

Das Leben selbst ist eine Kunst,
die wichtigste und zugleich
schwierigste und vielfältigste,
die der Mensch ausüben kann.

Erich Fromm

Jutta Metz, geboren 1944, studierte in den USA und Deutschland Psychologie, Anglistik und Germanistik. 1973 schloss sie mit der Promotion in Anglistik ab, um sich in den folgenden Jahren ihrer Familie zu widmen. Sie lebt in München und hat zahlreiche Bücher herausgegeben.

In gleicher Ausstattung gibt es im Groh Fotokunst Verlag:
Gute Gedanken aus aller Welt, ISBN 3-89008-361-7
Gute Gedanken für stille Stunden, ISBN 3-89008-362-5

Textnachweis:
Wir danken den Autorinnen und Autoren bzw. deren Erben, die uns freundlicherweise die Erlaubnis zum Abdruck von Texten erteilt haben, sowie folgenden Verlagen:
S. 18: Hermann Hesse, Sämtliche Werke, © Suhrkamp Verlag, Frankfurt am Main; Phil Bosmans, © Verlag Herder, Freiburg im Breisgau; S. 31: Wladimir Lindenberg, © Ernst Reinhardt Verlag München/Basel; S. 35: ders., Mysterium der Begegnung, 9. Auflage 1999, S. 256; S. 36: Alfred Döblin, © Suhrkamp Verlag, Frankfurt am Main; S. 53: Karl Heinrich Waggerl, © Otto Müller Verlag, Salzburg; S. 88: Dietrich Bonhoeffer, Widerstand und Ergebung, © Chr.Kaiser/Gütersloher Verlagshaus GmbH, Gütersloh; S. 91: Albert Schweitzer, © Verlag C.H. Beck, München; S. 95: Erich Fromm, © Deutsche Verlags Anstalt, München.

ISBN 3-89008-360-9

Wörthsee bei München • www.groh.de